Fuentes primarias de la expansión hacia el Oeste

Destino Manifiesto y la guerra mexicano-estadounidense

Zachary Deibel
Traducido por Christina Green

Cavendish Square
New York

Published in 2018 by Cavendish Square Publishing, LLC
243 5th Avenue, Suite 136, New York, NY 10016

First Edition

Website: cavendishsq.com

CPSIA Compliance Information: Batch #CS17CSQ

Library of Congress Cataloging-in-Publication Data

Names: Deibel, Zachary.
Title: Destino Manifiesto y la guerra mexicano-estadounidense / Zachary Deibel, translated by Christina Green.
Description: New York : Cavendish Square, 2018. | Series: Fuentes primarias de la expansión hacia el Oeste | Includes index.
Identifiers: ISBN 9781502629050 (library bound) | ISBN 9781502629067 (ebook)
Subjects: LCSH: Mexican War, 1846-1848--Juvenile literature. | Manifest Destiny--Juvenile literature.
Classification: LCC E404.D45 2018 | DDC 973.6'2--dc23

Editorial Director, Spanish: Nathalie Beullens-Maoui
Translator: Christina Green
Editor, Spanish: Maria Cristina Brusca
Editorial Director, English: David McNamara
Editor, English: Fletcher Doyle
Copy Editor, English: Nathan Heidelberger
Associate Art Director: Amy Greenan
Designer: Raúl Rodriguez
Production Coordinator: Karol Szymczuk
Photo Research: J8 Media

The photographs in this book are used by permission and through the courtesy of: Cover US Army/Wikimedia Commons/File:Remember Your Regiment, U.S. Army in Action Series, 2d Dragoons charge in Mexican War 1846.jpg/Public Domain; p. 5, 15, 29, 48 Library of Congress; p. 6 North Wind Picture Archives; p. 8 New York Public Library/Science Source/Getty Images; p. 10 John Parrot/Stocktrek Images/Getty Images; p. 13 Bettmann/Getty Images; p. 17 (top) National Atlas of the United States/Wikimedia Commons/ File:ElectoralCollege1824-Large.png/Public Domain, (bottom) National Atlas of the United States/Wikimedia Commons/File:ElectoralCollege1828-Large.png/Public Domain; p. 18 www.demis.nl/Wikimedia Commons/ File:Trails of Tears en.png/Public Domain; p. 21 Niday Picture Library/Alamy Stock Photo; p. 23 George P.A. Healy/Wikimedia Commons/File:George P.A. Healy - James Knox Polk - Google Art Project.jpg/Public Domain; p. 26 Everett Historical/Shutterstock.com; p. 32 Print Collector/Hulton Archive/Getty Images; p. 38 Henry R. Robinson, Clay, Edward Williams/Collection of the New-York Historical Society/Bridgeman Images; p. 39 Corbis/Getty Images; p. 41 Montana Historical Society Research Center; p. 42 The History Museum/Great Falls, MT; p. 44 New York Historical Society/Archive Photos/Getty Images; p. 46 Cool10191/Wikimedia Commons/ File:Lincoln debating douglas.jpg/Public Domain; p. 51 Pictorial Press Ltd/Alamy Stock Photo.

Printed in the United States of America

CONTENIDO

INTRODUCCIÓN

Una idea nacional

En 1821, Estados Unidos era una nación joven. Había sobrevivido dos guerras contra el **imperio** más poderoso del mundo, pero también había experimentado problemas económicos, cambios sociales enormes y constantes enfrentamientos con otras naciones europeas y nativoamericanas. Cuando James Monroe, quinto presidente de Estados Unidos, asumió su mandato por segunda vez, el país se enfrentaba a numerosos desafíos. John Quincy Adams era el **secretario de Estado** de Monroe y estaba a cargo de muchos de los asuntos internacionales de Estados Unidos. El Cuatro de Julio, Adams pronunció un discurso en medio de las celebraciones de independencia. En aquella época, Estados Unidos recibía presiones de España a causa del acceso a Florida y el Golfo de México, de las tribus de nativos americanos que se resistían a los desafiantes colonos y de las potencias europeas que competían por los valiosos recursos del continente. Adams, sin embargo, reiteró su posición sobre los asuntos internacionales:

La América... siempre ha presentado a todas (las naciones) la mano de la honrosa amistad, de la libertad igual y reciprocidad generosa... No va en busca de monstruos que destruir. Se contenta con desear la libertad y la independencia de todos... Su gloria no es el dominio, sino la libertad. Su marcha es la del entendimiento humano. Lleva una asta y un broquel, en donde están escritas estas palabras: Libertad, Independencia, Paz.

Sin embargo, pronto el "dominio" se transformó en el objetivo de Estados Unidos, pues sacrificó la libertad y la paz por la conquista y el poder. Muchos jefes de estado y otros políticos que vendrían después de Adams no compartirían su magnanimidad. En cambio, la nación se embarcaría en una misión de obtener territorios, a cualquier precio, cometiendo para ello terribles atrocidades contra diversos grupos a lo largo del camino.

Las ideas del estadista, presidente y diplomático John Quincy Adams ayudaron a impulsar las primeras políticas externas estadounidenses.

Durante el siglo XIX, el Gobierno de Estados Unidos popularizó la idea del "**Destino Manifiesto**", la noción de que el pueblo estadounidense poseía el derecho divino de adquirir el territorio que se extendiera por el continente. Sería su misión civilizar a las masas, llevar

Muerte de Tecumseh, opositor a la expansión, en la batalla del Támesis, por los soldados de William Henry Harrison en 1813.

democracia y la interpretación estadounidense de la justicia para todos. El término surgió de un texto escrito por John O'Sullivan en *United States Magazine and Democratic Review* en 1845. Sin embargo, el concepto del Destino Manifiesto regiría por décadas la política internacional, las relaciones con los nativos americanos y la ideología estadounidense. En la década de 1840, los conflictos entre los colonos estadounidenses y la nación de México empeoraron las relaciones entre ambos países. Incitados por estos enfrentamientos y la creencia nacionalista en su derecho de conquistar, los estadounidenses libraron la guerra contra todo aquel que se opusiera a la expansión.

Muchos estadounidenses, sin embargo, se oponían a la idea del Destino Manifiesto. Algunos de los ciudadanos más ilustres del país fueron ridiculizados por expresar preocupación ante esta política. El poder del propio Adams se vio limitado tras convertirse en presidente en 1825, incapaz de trabajar efectivamente con un Congreso impulsado por el fervor expansionista. Sus principales opositores fueron figuras que apoyaban de manera encarnizada la idea del Destino Manifiesto. Abraham Lincoln eligió no postularse para su reelección a la Cámara de Representantes luego de oponerse a la guerra entre Estados Unidos y México. Muchos de los que se oponían a la esclavitud, como **Frederick Douglass**, también se expresaron contra la agresión estadounidense. Estos debates públicos sobre la expansión y las políticas resultantes iban a tener consecuencias duraderas para Estados Unidos. A medida que lidiaba con su identidad como nueva nación, el país hacía frente a importantes cuestiones y complicadas competencias sobre su capacidad de expandir su territorio e influencia.

CAPÍTULO UNO

Orígenes del Destino Manifiesto

Tras la entrada en vigencia de la nueva Constitución de Estados Unidos en 1789, varias fueron las interpretaciones acerca de cómo debería trabajar el Gobierno en los primeros años del período nacional. Para 1800, Thomas Jefferson y James Madison rechazaban las políticas de George Washington, John Adams y Alexander Hamilton, que proponían un papel más limitado para el Gobierno federal y les conferían más poder a los estados. En la elección presidencial de 1800, Jefferson derrotó a Adams, que se postulaba para la reelección. Este cambio dio inicio a un nuevo enfoque y a una nueva filosofía política. En vez de centrarse en un Gobierno central fuerte, Jefferson quería promover la autoridad local y estatal, liderando a la vez un Gobierno que no traspasara los límites establecidos por la Constitución. En su discurso inaugural, Jefferson afirmó esta idea:

> Un Gobierno sabio y frugal que evitará que los hombres se injurien entre ellos y, siendo de otra manera, los dejará en libertad para regular sus

Este detalle de la pintura de Victor Adams muestra a Napoleón presentando a James Monroe y Robert Livingston el Contrato de Compra de Luisiana en Francia.

> propias finalidades de trabajo y mejoramiento, y no les quitará de la boca el pan que estos han ganado. Este es el resumen de un buen gobierno y este es necesario para cerrar el círculo de nuestras dichas.

El Gobierno de Jefferson daría prioridad a las libertades individuales y al poder limitado. Sin embargo, al poco tiempo de llegar a la presidencia, Jefferson comprendió que esta joven nación necesitaría ejercer más autoridad que la que había pensado. El historiador Thomas A. Bailey dice: "El distinguido virginiano descubrió rápidamente que las teorías desarrolladas en su clóset no encajaban con la dura realidad de la política mundial". En particular, la nación tendría que enfrentar el difícil e incierto tema de la expansión.

Alrededor de 1800, el emperador Napoleón Bonaparte de Francia comenzó a negociar con España para adquirir el territorio al oeste del río Misisipi en Norteamérica. Aunque España había controlado el territorio durante décadas, se enfrentaba a una deuda descomunal y al descontento político en Europa. España devolvió el territorio a Francia por unas pocas concesiones en 1802. Tras esta transacción, Jefferson, quien antes se había pronunciado a favor de las relaciones entre Francia y Estados Unidos, se inquietó. El Imperio de Napoleón crecía y Estados Unidos podría enfrentarse a un formidable oponente si el territorio de Luisiana se convertía en un centro de poder francés. La ciudad de Nueva Orleans también se había transformado en un puerto importante para el comercio estadounidense y, en 1802, España había cortado el acceso de Estados Unidos al puerto. En 1803, Jefferson envió al político virginiano James Monroe como colaborador del ministro asignado a Francia, Robert Livingston, para que negociaran un tratado con Francia relativo al uso del río Misisipi.

Con la compra de Luisiana y su política de asimilación de nativos, Thomas Jefferson, tercer presidente de Estados Unidos, estableció un precedente para la expansión hacia el Oeste.

Cambio de planes

Livingston había estado meses en Francia, negociando con los **diplomáticos** franceses. Jefferson envió a Monroe con órdenes de ofrecer a Francia, en nombre de Estados Unidos, 10 millones de dólares por las tierras al oeste del río Misisipi, que incluían el libre acceso al puerto de Nueva Orleans. Sin embargo, Napoleón estaba fatigado de proteger el territorio en Norteamérica pues intentaba controlar el continente europeo y se había enfrentado a la rebelión de los esclavos en una Santo Domingo controlada por los franceses en 1803. Le dijo al ministro de finanzas:

> La falta de resolución y las deliberaciones ya no están sobre la mesa. Renuncio a Luisiana. No solo cedo Nueva Orleans; cedo toda la colonia, sin reservas. Conozco el precio de lo que abandono… Renuncio a ella con el mayor pesar. Pretender retenerla obstinadamente sería estúpido. Le encargo que negocie este asunto… No espere siquiera la llegada de Monroe: reúnase hoy mismo con Livingston.

Monroe llegó poco después de que los franceses comenzaran a discutir los términos y ofrecieran vender todo el territorio de Luisiana por 15 millones de dólares. Sin embargo, era un precio a pagar más alto que el autorizado por Jefferson a Monroe y Livingston. No obstante, dispuesto a redoblar los límites territoriales de Estados Unidos, Monroe aceptó la compra.

El territorio adquirido proveía a la nación de nuevas oportunidades de expansión. Sin embargo, también causó conflictos con las potencias europeas que conservaban territorios en Norteamérica. Encolerizados por la voluntad de Jefferson de negociar con Francia, los británicos comenzaron a agredir a los estadounidenses de varios modos. Primero, usaron un proceso de servicio forzado, llamado *impressment*, mediante el cual

(Continúa en la página 14)

La compra de Luisiana a Francia

La compra de Luisiana fue uno de los logros diplomáticos más notables de la joven nación. El primer punto clave a resolver por Jefferson, Monroe y Livingston fueron las relaciones franco-británicas. Mientras Napoleón Bonaparte continuaba dominando Europa, Jefferson tuvo que negociar con Francia la adquisición sin conducir a los británicos a una agresión contra las fronteras del oeste y el norte de Estados Unidos. Además, todas las partes tenían que considerar la debilidad del Imperio español durante las negociaciones del intercambio. España no tenía capacidad para gobernar sus colonias, lo que quedaba en evidencia por el colapso del gobierno provincial mexicano para 1821.

En una carta a Jefferson, el diplomático Rufus King declaraba: "España es la nación europea más adecuada para poseer un gran imperio que es insignificante". Sin embargo, la respuesta de Jefferson fue sorprendente: "Consideramos su posesión del país vecino como algo muy favorable para nuestros intereses". Jefferson prefería como vecina una potencia europea débil a una poderosa como Francia o Inglaterra. Así, cuando España negoció el territorio de Luisiana con Francia, Jefferson aprovechó la oportunidad para adquirirla de Napoleón. Asegurar esta oferta, sin embargo, se hubiera complicado mucho más de no haber sido por la revuelta liderada por el exesclavo Toussaint L'Ouverture en Santo Domingo. Tanto franceses como estadounidenses temían una república liderada por exesclavos y Napoleón estaba cansado de negociar con colonias insubordinadas, ya que él también debía hacer frente al conflicto dentro del frente europeo. Así, Livingston y Monroe cerraron un trato mediante el cual Estados Unidos compraría el territorio por 15 millones de dólares, siempre que Francia mantuviera en secreto el

Este mapa ilustra el territorio adquirido mediante la compra de Luisiana en 1803.

plan hasta que finalizara, aplastara la rebelión en Santo Domingo y permitiera a los estadounidenses tener el control de Nueva Orleans.

El historiador Joseph J. Ellis resume la naturaleza verdaderamente global de este convenio: "La compra de Luisiana fue como la tormenta perfecta en la que las nubes europeas, los vientos del Caribe y los vientos del oeste preponderantes de América del Norte convergieron en un único lugar una sola vez". De este modo, si bien Jefferson manifestó una gran diplomacia, este fue un acuerdo verdaderamente internacional, modelado por los asuntos a ambos lados del Atlántico y en el mundo occidental. Cabe destacar que Ellis señala: "La historia de la compra fluye… hacia un sentido providencial del destino estadounidense de ser un imperio continental, al que Jefferson… denominó *imperio de la libertad.*" Sin embargo, esa libertad se aplicaría solo a algunos habitantes del territorio occidental.

capturaban a marinos estadounidenses y los obligaban a servir en el ejército británico contra Napoleón y Francia. Finalmente, en 1812, Madison solicitó en el Congreso una declaración de guerra formal. Estados Unidos perdió muchas batallas clave en el sudeste y los soldados británicos capturaron la capital y quemaron la Casa Blanca original. Sin embargo, las victorias de Estados Unidos en la batalla del lago Erie y la batalla del Fuerte McHenry en el puerto de Baltimore cambiaron la marcha de la guerra. El 24 de diciembre de 1814, Estados Unidos y los británicos acordaron la paz mediante la firma del Tratado de Gante.

Las noticias viajan despacio

Sin embargo, la noticia del tratado tardó bastante en llegar a Estados Unidos. Este fue ratificado por el Congreso el 16 de febrero de 1815. El general mayor Andrew Jackson y sus soldados estadounidenses, superados en número por los británicos, rechazaron con decisión un ataque masivo de los soldados británicos y de los *creek* en las afueras de Nueva Orleans en enero de 1815. En consecuencia, Estados Unidos retuvo la dominación de la ciudad portuaria y diezmó los ejércitos de nativos e ingleses. El sucesor de Madison, James Monroe, usó a Jackson para resistir la influencia española en el Sur. Mientras los españoles se empeñaban por controlar Florida (el territorio se extendía entonces a lo largo de la costa del Golfo de México e incluía partes de lo que hoy es Alabama y Misisipi) y la región poblada por los seminolas, algunos guerreros nativos atacaban a los colonos estadounidenses. En 1818, Jackson y sus soldados invadieron de modo unilateral Florida y al final lograron tomar el control de varios fuertes. Las acciones de Jackson no eran muy bien vistas por Monroe y el secretario de Estado John Quincy Adams. Sin embargo, el presidente usó la ocupación para exigir a España que controlara a los nativos americanos o entregara el territorio a Estados Unidos. Finalmente, España cedió el territorio a Estados Unidos a cambio de unas pequeñas concesiones financieras en 1821.

En 1823, en respuesta al colapso del control español en América Latina, Monroe emitió lo que se considera la declaración de política exterior más audaz de Estados Unidos hasta la fecha. En su discurso anual ante el Congreso, el 2 de diciembre, el presidente presentó la doctrina Monroe, una política que exigía a las potencias europeas que desistieran de sus intentos por seguir colonizando el hemisferio occidental. La política manifestaba que Estados Unidos no interferiría con las colonias europeas existentes ni escogería lados en cualquier guerra europea. Sin embargo, Monroe explicó dos nuevas políticas, que se alejaban de la tradicional actitud aislacionista de la joven nación. En primer lugar, Monroe manifestó: "Los continentes americanos (…) no deben ser considerados ya como objeto de futuras colonizaciones por parte de las potencias europeas". Además, advirtió el presidente: "Cualquier tentativa (de las naciones europeas) por extender su sistema a cualquier porción de nuestro hemisferio será considerada por nosotros como peligrosa para nuestra paz y seguridad". En esencia, Monroe declaró que ninguna nación europea podría

En esta pintura, el general Andrew Jackson encabeza la defensa en la batalla de Nueva Orleans.

colonizar ninguna parte del hemisferio occidental (que no hubiera sido ya reclamada) y que cualquier intento por hacer esto sería considerado como una agresión contra los Estados Unidos. El "Destino Manifiesto" estadounidense floreció durante el período posterior al discurso de Monroe, una época en la que el joven país comenzaba a desear el progreso, la expansión y el aumento de la influencia de Estados Unidos.

En la elección presidencial de 1824, John Quincy Adams y el presidente de la Asamblea Legislativa, Henry Clay, se postularon para la presidencia. Sin embargo, los **populistas** presentaron su propio candidato, el intrépido general de Tennessee que años antes había desafiado a Adams: Andrew Jackson. Después de que ningún candidato ganara la mayoría de los votos del **Colegio Electoral**, Clay convenció a suficientes delegados para que votaran por Adams, y no a Jackson, para lograr la elección de Adams. Jackson consideró esto una afrenta personal, ya que había ganado el voto popular. Tras denostar a Adams, señaló que las elecciones de 1824 habían sido un "negocio corrupto" entre el presidente electo y su recientemente designado secretario de Estado, Henry Clay.

En 1828, Jackson tuvo su venganza. Derrotó a Adams e inauguró una nueva era de política referida como *democracia jacksoniana*. Amplió el voto a hombres blancos y usó el poder federal para contribuir en los esfuerzos para la expansión hacia el Oeste. En 1830, Jackson presentó la **Ley de Traslado Forzoso de los Indios** al Congreso, que autorizó el uso de recursos federales para obligar a los nativos a salir de las tierras estadounidenses hacia reservas. En su discurso ante el Congreso para argumentar a favor del traslado, Jackson afirmó: "Las consecuencias de un traslado rápido serán importantes para Estados Unidos, para los estados individuales y para los propios nativos".

La racionalización del traslado

La política del traslado, alegaba Jackson, impediría la destrucción de los nativos por parte de los estados o sus habitantes. En lugar de castigar a los estados o a los ciudadanos estadounidenses

(Continúa en la página 18)

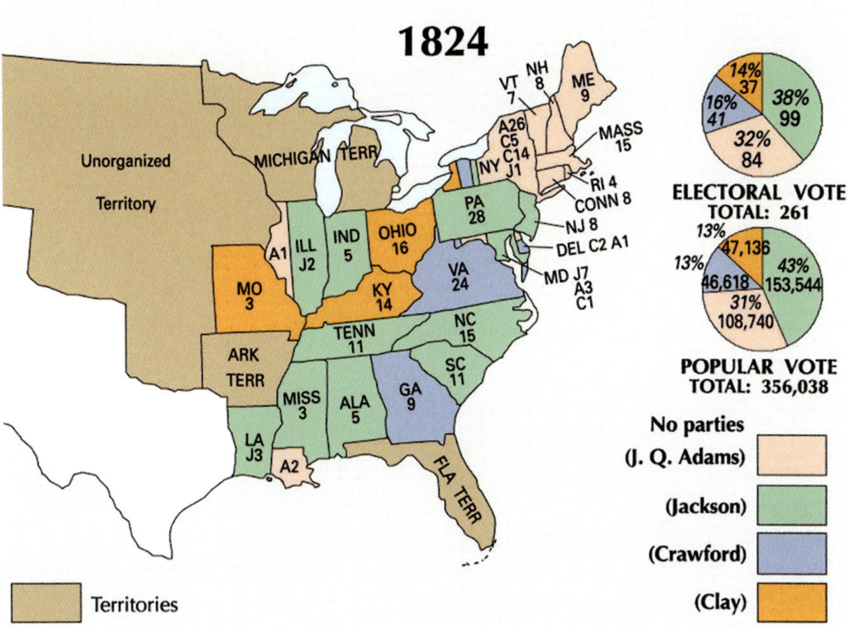

Estos dos mapas muestran las elecciones presidenciales de 1824 y 1828. En las elecciones de 1824, ningún candidato recibió una mayoría de votos, aunque Jackson ganó el voto popular. En 1828, en respuesta al "negocio corrupto" denunciado por Jackson contra Adams, y contra Clay por su negociación, los electores votaron por mayoría abrumadora a Jackson como presidente.

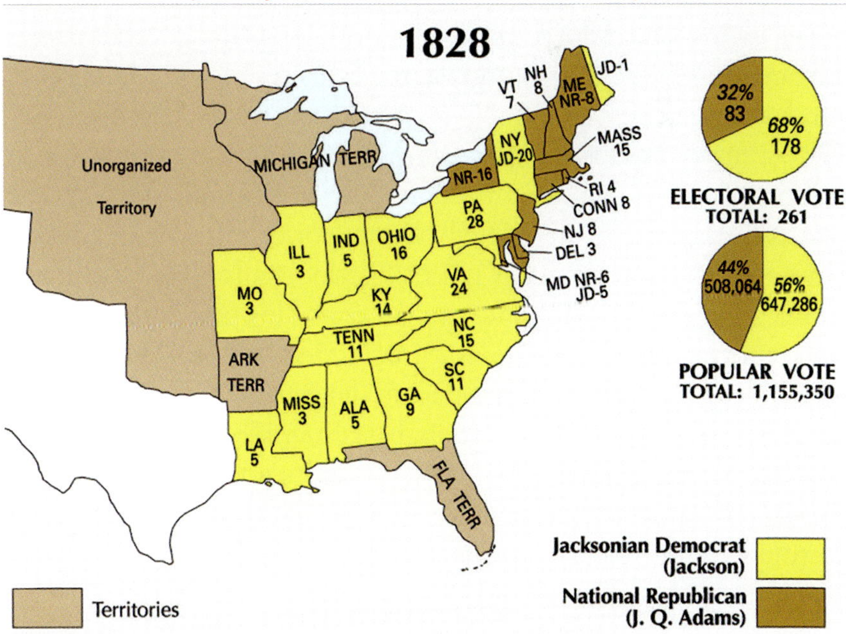

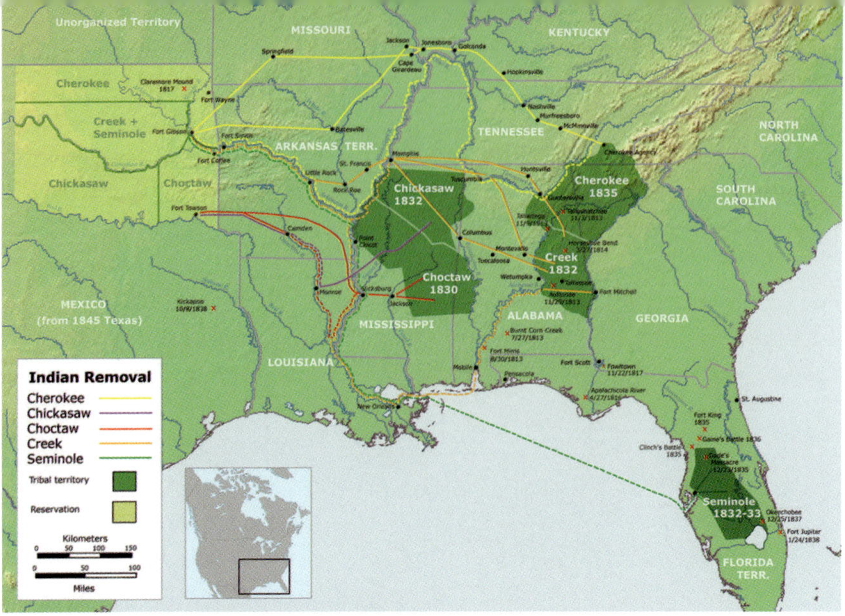

Este mapa muestra los distintos caminos a través de los cuales los nativos fueron expulsados de sus territorios ancestrales y llevados a reservas a consecuencia de la Ley de Traslado Forzoso de los Indios de 1830.

que atacaban a los nativos, Jackson argumentó que la nación sencillamente separaría a los pueblos nativos de los enclaves estadounidenses. Los cheroquis fueron los primeros en caer víctimas de la Ley de Traslado Forzoso de los Indios, ya que miles fueron obligados a marchar a punta de pistola desde sus hogares ancestrales en Georgia a una árida reserva en Oklahoma, en una travesía que se conoció como el Sendero de Lágrimas. Otros, entre ellos los navajos, seminolas y siux, se enfrentaron a la política de traslado a lo largo del siglo XIX. Sin embargo, esto era apenas una parte de un objetivo aún mayor de Estados Unidos: la supremacía continental. En 1839, el periodista John L. O'Sullivan publicó el primer documento que esbozaba los pensamientos de lo que más adelante se denominaría *Destino Manifiesto*. En su editorial, titulado "La gran nación del futuro", O'Sullivan aseveraba una cualidad excepcional estadounidense, la idea de que los orígenes, la historia y el futuro de Estados Unidos eran igualmente únicos y, por extensión, estaban de modo unívoco justificados por Dios. Escribió:

> Nuestro nacimiento como nación fue el comienzo de una nueva historia, la formación y el progreso de un

> sistema político nunca antes probado que nos separa del pasado y nos conecta únicamente con el futuro y, hasta ahora, en cuanto a la evolución de los derechos naturales del hombre, en la vida moral, política y nacional, podemos suponer con confianza que nuestro país está destinado a ser una gran nación en el futuro... El gran alcance del futuro ilimitado será la era de la grandeza de América. En este magnífico dominio en el espacio y en el tiempo, la nación de muchas naciones está destinada a manifestar a la humanidad la excelencia de los principios divinos; a establecer en la tierra el templo de mayor nobleza que jamás se haya dedicado a la alabanza del Ser Supremo —lo Sagrado y la Verdad... Este es nuestro destino supremo... Para esta bendita misión encomendada a las naciones del mundo... ha sido elegida América; y su supremo ejemplo percutirá con gran fuerza hasta la muerte de la tiranía de reyes, jerarquías y oligarquías.

O'Sullivan captó la esencia del sentimiento estadounidense durante este período y la filosofía del Destino Manifiesto se enfrentó a la primera gran prueba por las crecientes tensiones entre las fronteras del sur y el oeste del país.

Desde la independencia estadounidense, los españoles habían controlado territorios en el continente. Sin embargo, luego de la Guerra de Independencia de México, entre 1810 y 1821, el territorio de México y parte de lo que hoy es el sudoeste de Estados Unidos se convirtieron en la nación independiente de México. Esto condujo a tensiones entre los colonos estadounidenses en el Oeste y los ciudadanos mexicanos. A la larga, el conflicto se transformó en una guerra abierta, que muchos consideraron el intento justificado de Estados Unidos de reclamar territorio que, como argumentaba O'Sullivan, era parte de "la formación y el progreso". Otros, contrarios a la guerra, argumentaban que la nación había buscado, pese a las advertencias de John Quincy Adams, "monstruos que destruir", inventado un conflicto y un enemigo de utilidad a los objetivos políticos.

CAPÍTULO DOS

La guerra mexicano-estadounidense

Una causa de conflicto durante la expansión hacia el Oeste fue la falta de fronteras entre territorios reclamados por varios países. En la compra de Luisiana no se fijaron fronteras claras, lo que condujo a numerosas crisis diplomáticas. Estas disputas sobre los derechos territoriales desataron incluso guerras, como fue el caso con México, a mediados del siglo XIX.

La primera disputa fronteriza fue en 1810 sobre la provincia llamada Florida Occidental. Estados Unidos **se anexó** la Florida Occidental luego de que los colonos estadounidenses e ingleses se rebelaran en el territorio y declararan su independencia de España. La disputa fue solucionada por el Tratado de Adams-Onís, llamado Tratado de Transcontinentalidad de 1819, que fijó los límites formales entre los territorios estadounidenses y las posesiones españolas.

Sam Houston (a la derecha y herido) recibe al general Santa Anna, tomado prisionero por los soldados texanos en la batalla de San Jacinto. Esta batalla le otorgó a Texas su independencia.

Ese año, los españoles habían autorizado a los estadounidenses que empezaran a asentarse en la provincia de Texas. Sin embargo, cuando México se convirtió en nación independiente en 1821, se enfrentó con los asentamientos estadounidenses en Texas, entonces poblados por más de 15,000 habitantes, muchos de ellos propietarios de esclavos. México exigió a los colonos que se convirtieran en ciudadanos mexicanos y al catolicismo. En 1835, Sam Houston, líder de los texanos estadounidenses, encabezó una rebelión contra el Gobierno mexicano. Su presidente, Antonio López de Santa Anna, había inhabilitado al Gobierno de la provincia y le exigió la abolición de la esclavitud. Houston y los texanos capturaron la misión de El Álamo en San Antonio pero Houston ordenó a los texanos que se replegaran, pues venía avanzando Santa Anna con un enorme ejército. Un grupo de 150 texanos se negó a abandonar El Álamo y, en su famosa defensa, todos murieron, incluso algunos prisioneros que fueron ejecutados. Sin embargo, los texanos derrotaron a Santa Anna y sus soldados en la batalla de San Jacinto, en abril de 1836, y su plena independencia antes de fin de año.

La victoria de los texanos en su guerra de independencia no cesó las hostilidades con México. El Gobierno mexicano sostenía que las fronteras establecidas por el Tratado de Transcontinentalidad seguían intactas. México alegaba que esto significaba que la frontera sur de Texas quedaba delimitada por el río Nueces, que llega a Corpus Christi. Texas sostenía que su frontera sureña estaba 100 millas (161 kilómetros) al sur, a lo largo del Río Grande y tan al oeste como lo estaba la fuente del río. Esto ponía en disputa partes que no solo pertenecían a lo que hoy es Texas sino también Nuevo México. Para 1841, la legislatura de Texas también estaba presentando reclamos respecto a las Californias: Alta California, que es hoy un estado de Estados Unidos, y Baja California, que en la actualidad sigue siendo parte de México. Texas seguiría siendo la "República de la Estrella Solitaria" hasta que Estados Unidos lo admitiera dentro de la Unión en 1845. Sin embargo, todavía debía resolverse el problema de la frontera sur y parecía que esto solo podría ser resuelto con una guerra.

El debate de la guerra

La decisión de ir a la guerra no se tomó sin oposición. De hecho, antes de que Estados Unidos le declarara la guerra a México en 1846, se desató una guerra de palabras entre el presidente James K. Polk, los congresistas y el público estadounidense. Si bien algunos apoyaban la guerra como parte del Destino Manifiesto americano de dominar el continente, muchos alegaban que Estados Unidos había creado un conflicto por interés propio y nacionalismo ciego.

Muchos eran los motivos de la guerra más allá de una mera aclaración de la frontera. De hecho, fueron numerosos los factores que condujeron a la guerra y estas distintas causas condujeron a

En 1846, el presidente James K. Polk ganó las elecciones con una campaña expansionista que prometía aumentar el territorio y la influencia de Estados Unidos sobre el continente.

muchos a creer que la guerra en sí era innecesaria y opresiva. En las elecciones presidenciales de 1844, Polk, candidato del **Partido Demócrata**, derrotó al renombrado vocero del **Partido Whig**, Henry Clay, en una sorprendente victoria, debida en gran medida a su retórica del Destino Manifiesto y la expansión hacia el Oeste. Una de las primeras políticas a las que se dedicó tuvo que ver con la anexión de Texas. Muchos dudaban del reclamo legal de Estados Unidos para anexarse Texas pues el territorio, si bien era independiente desde 1845, había antes pertenecido a México (y a España previamente), no a Estados Unidos. Polk, sin embargo, ignoró tales argumentos. "Nuestra Unión es una confederación de estados independientes", sostenía Polk, "cuya política es de paz mutua y con todo el mundo. Agrandar los límites significa extender los dominios de la paz sobre territorios adicionales y aumentarlo en millones". El mundo, sostenía Polk, se beneficiaría con la expansión de Estados Unidos por el continente. Polk argumentó que Texas, poblada por estadounidenses, debería justamente ser considerada dentro del ámbito de los Estados Unidos. "Su suelo fértil [en referencia al de Texas]… y también los intereses de la Unión entera serán promovidos por ella [su anexión]", afirmó.

Quienes apoyaban la anexión consideraban que Texas, junto con el territorio de Oregón, era una justa posesión de los Estados Unidos por su ubicación dentro de la trayectoria de los objetivos territoriales del país: extenderlos por todo el continente. En 1846, Estados Unidos solucionó pacíficamente la disputa de la frontera norte del territorio de Oregón con Gran Bretaña. Entretanto, el presidente Polk envió al general Zachary Taylor y sus soldados a Texas para que se encargaran de la frontera sur. México envió soldados al territorio en disputa y exigió la retirada de Taylor. Ante su negativa, México declaró la guerra. Tras una serie de conflictos entre los colonos occidentales y los militares mexicanos, Taylor envió un mensaje al presidente Polk informándole de que las hostilidades "podrían ahora ser consideradas como iniciadas".

En respuesta, el presidente Polk solicitó al Congreso una declaración de guerra. "El Gobierno mexicano", argumentó Polk, "no solo se negó a recibirles [a nuestros diplomáticos]... sino que tras una larga y constante serie de amenazas ha invadido finalmente nuestro territorio y derramado la sangre de nuestros ciudadanos en nuestro propio territorio". El Gobierno mexicano amenazó con invadir la frontera sur cuando el gobierno revolucionario del general Mariano Paredes depusiera al general José Joaquín de Herrera. Paredes, según Polk, deseaba castigar a Texas y recuperar el territorio luego de su anexión por parte de Estados Unidos. Por lo tanto, "se ha convertido en una cuestión de necesidad urgente hacer posible la defensa de esa porción de nuestro país". Polk opinaba que México comenzó la guerra al invadir el territorio que en ese momento pertenecía a Estados Unidos como parte de su Unión. Por lo tanto, Polk manifestó:

> Como hay guerra y, a pesar de todos nuestros esfuerzos por evitarla, existe por el propio acto de México, hacemos una llamada a toda consideración de deber y patriotismo para defender con decisión el honor, los derechos y los intereses de nuestro país.

La invasión de Texas fue un acto de abierta agresión contra los Estados Unidos, sostuvo Polk, uno que merecía una respuesta para preservar los intereses y la independencia estadounidenses en el extranjero. El Congreso estuvo de acuerdo, adjudicó 10 millones de dólares para la guerra y autorizó el enrolamiento de 50,000 voluntarios.

Quienes estaban a favor de la guerra y de la expansión siguieron los pasos de Polk para convencer al público. John L. O'Sullivan, el primero en usar la expresión "Destino Manifiesto", argumentaba que Texas había pasado a formar parte de los Estados Unidos por una "serie de eventos naturales, por un proceso perfectamente legítimo de su parte, del que estamos libres de culpa… Toda la censura por actos equívocos, pérfidos e insensatos recae solo sobre México". La guerra había comenzado luego que México atacara un estado estadounidense, independientemente de la situación de este territorio antes de que fuera agregado a la Unión. Mientras Estados Unidos se preparaba para la guerra, ese era el espíritu de sus soldados que viajaban hacia el sur, listos para defender a los patriotas texanos y ampliar la influencia estadounidense.

"Imperio opresor"

Sin embargo, no todos coincidían en que la guerra fuera justa. De hecho, muchos funcionarios públicos y ciudadanos comunes hicieron campañas activas contra la guerra. Pero el disenso no era nuevo. Muchos se habían manifestado en contra de los métodos mediante los cuales Estados Unidos había ampliado su territorio, incluyendo quienes se habían pronunciado en contra de la expulsión de los nativos americanos. En 1846, Horace Greeley, un **abolicionista** blanco y director de un periódico, argumentó que Estados Unidos había cometido un error al librar una guerra contra México.

> Podemos derrotar con facilidad los ejércitos de México, masacrarlos de a miles e ir a su caza hasta su capital, podemos conquistar y "anexar" su territorio, ¿pero entonces qué?… ¿Quién cree que unos tantos de victorias sobre México, la "anexión" de la mitad de sus provincias, nos

(Continúa en la página 27)

Oposición afroamericana

El líder abolicionista Frederick Douglass se opuso con fervor a la guerra de Estados Unidos y México, con el argumento de que haría crecer la esclavitud y era una acción injusta contra el pueblo mexicano.

Los oponentes a una guerra entre Estados Unidos y México no simplemente ocupaban la prensa o los corredores del Congreso. Muchos partidarios políticos expresaron su oposición, incluso líderes de otros movimientos reformistas. El abolicionista Frederick Douglass fue uno de los oponentes afroamericanos a la guerra más visibles. Desde el principio, estuvo en su contra y argumentaba que "este Gobierno esclavista y comerciante de esclavos" solo seguía manteniendo sus prácticas de injusticia. Para él, se trataba de una "guerra asesina, como una guerra contra los estados libres, como una guerra contra la libertad, contra los negros y contra los intereses de los hombres trabajadores de este país".

La guerra entre Estados Unidos y México, para Douglass, era simplemente una continuación de la política a favor de la esclavitud. Si Texas, un estado con esclavos, era agregado a la Unión antes de la guerra, ¿qué impediría que los nuevos territorios agregados luego del conflicto se convirtieran también en estados con esclavos? Douglass agregó que los estadounidenses no deberían sorprenderse de que un Gobierno cuyo partido mayoritario condonaba la propagación de la esclavitud librara una guerra injusta contra "mexicanos inofensivos". No era nada nuevo. "En estos momentos hay un estado de guerra en el Sur. El esclavista está librando una guerra de agresión sobre los oprimidos". Así como la agresión estadounidense estaba sometiendo a los mexicanos a la opresión, el mismo Gobierno estaba oprimiendo a otros grupos, incluso a su propio pueblo.

> dará más libertad, una moralidad más pura, una industria más próspera que la que tenemos hoy?

La expansión, según Greeley, era una cruzada innecesaria que conduciría a la muerte y a la destrucción, y convertiría a Estados Unidos en un imperio opresor. No sería una república libre sino un imperio expansivo imitador de los antiguos que usaron "la espada" para someter a otros bajo su dominio.

Muchos abolicionistas se sumaron a la crítica de Greeley. Quizás el más famoso fue el autor estadounidense Henry David Thoreau, que condenó la guerra negándose a pagar los impuestos. Luego de ser enviado a prisión, Thoreau presentó su razonamiento en la obra "**Desobediencia civil**", donde argumentó que las injusticias del Gobierno le obligaban a retirarle su apoyo. En el ensayo, Thoreau compara el Gobierno con una máquina, una inventada para hacer el bien y construida de acuerdo a principios "excelentes". Sin embargo, Thoreau también sostiene que los gobiernos, igual que las máquinas, con frecuencia necesitan ser reparados. Escribe:

> En otras palabras, cuando un sexto de la población de una nación que se ha comprometido a ser el refugio de la libertad está conformado por esclavos y todo un país es injustamente invadido y conquistado por un ejército extranjero, y sometido a la ley marcial, creo que no es muy pronto para que los hombres honrados se rebelen y se subleven. Y este deber es tanto más urgente por cuanto que el país así ultrajado no es el nuestro, sino que el nuestro es el invasor.

Estados Unidos, en opinión de Thoreau, era hipócrita. Alegaba ser una nación de libertades cuando en realidad permitía que siguiera creciendo la esclavitud en los nuevos territorios y prosperara en el Sur. Manifestaba ser una nación que protegía la libertad mas invadía México y adquiría territorios mediante la acción militar. La nación había perdido su carácter en el conflicto con México y Thoreau decidió que la desobediencia civil, o protesta pacífica mediante la desobediencia de las leyes era necesaria para enviar un mensaje al presidente Polk y al Congreso de Estados Unidos.

Incluso dentro del Congreso muchos se oponían a las acciones de Polk. El senador Daniel Webster, líder del Partido Whig de Massachusetts, se pronunció en contra de la guerra. Los whigs habían tomado su nombre del grupo en la historia inglesa opuesto a las facciones mayoritarias en el Parlamento, y muchos disentían con los líderes del Partido Demócrata a favor de la guerra. Webster destacaba que la Cámara de Representantes había aprobado una resolución que condenaba las acciones de Polk, con el argumento de que la guerra "había comenzado de forma anticonstitucional" y sin el consentimiento del Congreso. Polk no pidió una declaración de guerra hasta después de que las hostilidades hubieran estallado. Webster, sin embargo, creía que la guerra no se trataba simplemente de proteger a los colonos estadounidenses. "Esta guerra se inició con el propósito magno y destacado de adquirir nuevos territorios", explicó Webster. Polk quería crear nuevos estados a partir del territorio mexicano, argumentaba Webster, estados que practicarían la esclavitud y harían perder el equilibrio entre estados esclavistas y libres. Webster, un apasionado abolicionista, temía que la expansión de la esclavitud fuese el principal motivo de Polk para hacer la guerra. Peor aún, Polk carecía de autoridad constitucional para simplemente agregar territorios a la Unión mediante la conquista. Webster temía un conflicto de larga duración a consecuencia de la guerra librada entre Estados Unidos y México. En un discurso ante el Congreso, dijo:

> Ocupamos Nuevo México y California. ¿Quién es lo suficientemente débil para pensar que hay un fin?… ¿Quién piensa que la avidez de territorios se detendrá aquí por sí misma? Creo ver que se ha adoptado un curso que posiblemente haga que la Constitución bajo la que vivimos se vuelva un monstruo deformado, una maldición más que una bendición, dentro de un enorme marco de gobierno desigual que no se basa en la representación popular

sino que lo hace en las más burdas desigualdades; y creo que, si continúa, hay peligro de que siga, y este Gobierno se hará añicos.

Webster temía que si se autorizaba a Polk a librar guerras para adquirir territorios, solo ampliaría el poder del presidente y el poder de los estados con esclavos en la Unión. A la larga, Webster consideraba que las divisiones sobre el Destino Manifiesto, la expansión y, más importante, la esclavitud, dividirían a la nación.

Lincoln discute el reclamo

Un joven Abraham Lincoln posa para una fotografía en 1846, el año que fue electo para la Cámara de Representantes.

Un joven congresista whig de Illinois llamado Abraham Lincoln también expresó una considerable oposición a la guerra contra México. Lincoln no compartía la afirmación de Polk de que se había derramado sangre estadounidense sobre "tierra estadounidense". Creía, como muchos otros disidentes, que el Gobierno usaba los ataques en el territorio en disputa para justificar una guerra que en realidad era un medio de adquirir un territorio que México no deseaba ceder a los Estados Unidos. En un discurso pronunciado en 1848, Lincoln dijo:

> El hecho de enviar un ejército a un pacífico poblado mexicano, ahuyentando a sus moradores, exponiendo sus cultivos y demás propiedades a la destrucción, puede que a Ud. le parezca un comportamiento perfectamente amistoso y pacífico, libre de provocación, pero a nosotros (el Partido Whig) no nos lo parece.

La oposición de Lincoln pronto le valió el desdén de sus compañeros en el Congreso y, finalmente, de sus electores. En 1848, el Partido Whig se negó a volverlo a postular para su banca en la Cámara de Representantes y volvió a la vida privada en Illinois.

La guerra se resolvió con rapidez. Estados Unidos declaró la guerra en mayo de 1846 y los combates concluyeron en septiembre de 1847. Lo que estaba en juego resultó ser mucho más que una franja de tierra en el sur de Texas. Ambas naciones pugnaban por el control de una considerable porción del continente. Siguiendo el ideal de los estadounidenses de Florida Occidental y Texas, los colonos de California se sublevaron contra México en junio y julio de 1846, y declararon su independencia. Este evento se conoce como la Rebelión de la Bandera del Oso. Poco tiempo después, los soldados estadounidenses avanzaron y ocuparon el territorio.

La guerra concluyó con el **Tratado de Guadalupe Hidalgo** en 1848. Estados Unidos ganó territorios que constituyeron parte de los futuros estados de Nuevo México, Utah, Arizona, Nevada y California. El territorio estadounidense ahora realmente se extendía desde el Atlántico al Pacífico. Cinco años más tarde, el embajador estadounidense en México, James Gadsden, negoció la compra de un territorio adicional en el Valle de la Mesilla. Después de la guerra, Estados Unidos había acordado ayudar a proteger el territorio de las invasiones de los colonos estadounidenses y nativos americanos, pero no cumplió estas condiciones. México comenzó a desalojar a los colonos estadounidenses y a exigirle a Estados Unidos una compensación económica, según los términos del tratado. Finalmente, el Gobierno mexicano cedió a la oferta de Gadsden de una compra sin impedimentos y Estados Unidos completó la adquisición de los territorios occidentales que habían sido una fuente de conflictos por casi una década. Este acuerdo se conoce como el **Tratado de Gadsden**. Esta resolución amargó al pueblo mexicano. Para los mexicanos, Estados Unidos no era más que otro imperio que expandía su territorio, conquistaba otras naciones y usaba la fuerza para asegurar sus propios intereses.

CAPÍTULO TRES

La expansión del Destino Manifiesto

Incluso mientras la guerra librada entre Estados Unidos y México arrasaba la frontera sur, muchos esperaban que el territorio recién anexado instituyera la esclavitud. Sin embargo, el legislador por Pensilvania, David Wilmot, añadió una cláusula adicional a un proyecto de ley de gastos de 1846 que prohibía la esclavitud en cualquier territorio adquirido durante la guerra. Aunque la disposición fue aprobada en la Cámara de Representantes, se estancó en el Senado, ya que el presidente Polk y los demócratas en el Congreso se opusieron a la ley. La **Enmienda Wilmot** era un simple enunciado de ley que decía:

> Siempre que, como condición expresa y fundamental para la adquisición de cualquier territorio de la República de México por los Estados Unidos,... ni la esclavitud ni la servidumbre involuntaria existirán nunca en ninguna parte de dicho territorio.

Esta imagen de Frances Flora Bond Palmer muestra a los colonos atravesando Estados Unidos, con las Montañas Rocosas al fondo. La migración hacia el Oeste durante el siglo XIX condujo a una explosión demográfica en el Oeste.

Esta ley encolerizó a los políticos del Sur que veían un creciente intento de parte de los legisladores del Norte por coartar la expansión de la esclavitud hacia los nuevos territorios. Cada vez más, los políticos estadounidenses se centraban en el tema de la esclavitud.

Muchos en el Sur temían que un ataque contra la esclavitud constituyese un ataque sobre el dominio del Sur en la política y la economía nacional. Además, la Constitución establecía que tres quintos de todos los esclavos se contasen para determinar cuántos representantes debían enviar esos estados al Congreso. Si la esclavitud se abolía, los estados del Sur experimentarían un masivo cambio social y a la vez perderían su influencia dominante en el Gobierno nacional. (Esto asumía, por supuesto, que los afroamericanos no serían aceptados en aquel momento como ciudadanos y no contarían siquiera como tres quintos de una persona en el censo). Esta influencia, denominada *poder esclavo* por muchos comentaristas políticos, obligó a los sureños a defender la esclavitud. En 1837, el senador John C. Calhoun de Carolina del Sur afirmó:

> Sostengo que en el estado actual de civilización, cuando dos razas de distinto origen y distinguidas por color y otras diferencias físicas, además de intelectuales, son puestas juntas, la relación que hoy existe en los estados esclavistas entre ambos es, en lugar de mala, buena; positiva y buena... No ha existido aún una sociedad acaudalada y civilizada en la cual una porción de la comunidad no haya, de hecho, vivido de la labor del otro... Esto ha sido corroborado por completo por la Historia.

Los defensores de la esclavitud, como Calhoun, solo alentaron a los abolicionistas a estar en contra de lo que el Sur denominaba su *peculiar institución* de la esclavitud. Mientras aumentaba la población en el territorio agregado luego de la guerra entre Estados Unidos y México, el conflicto sobre la esclavitud proseguía en los nuevos estados occidentales.

Comienza la "fiebre del oro"

En 1848, pocos días antes que se agregaran millones de acres de territorio mexicano a la Unión, unos mineros descubrieron oro en las colinas de California. Cuando corrieron las noticias del descubrimiento en 1849, los estadounidense en busca de mejores oportunidades se sumaron a la "**fiebre del oro**" y se dirigieron hacia el Oeste, alentados por el Gobierno, que veía una oportunidad de poblar con sus propios ciudadanos una región escasamente poblada. Entre 1847 y 1860, la población de San Francisco creció de menos de 5,000 a más de 50,000 habitantes. Un pionero, llamado Sheldon Shufelt, viajó hacia el Oeste en busca de oro solo para descubrir que el trayecto no era tan glamoroso como parecía. Shufelt viajó desde la ciudad de Nueva York hasta Panamá y luego hacia California. Durante el viaje, perecieron muchos miembros de la comitiva y el buque de Shufelt casi naufragó. En una carta enviada a su primo en 1850, Shufelt le relató las horas de ardua labor que exigía el trabajo:

> Muchas pero muchas personas que llegan aquí no tienen éxito y miles dejarán aquí sus huesos. Otras perderán la salud, contraerán enfermedades que los acompañarán hasta la tumba. Algunos tendrán que mendigar para volver a sus hogares y probablemente la mitad de los que llegaron jamás ganarán suficiente dinero para llevar algo de vuelta... Aquí hay una buena cantidad de pecados y debilidades. El robo, la mentira, el sudor, la bebida, el juego y el asesinato... Tratamos de hacer que aquí se impongan leyes para regular las cosas pero será muy difícil hacer que se ejecuten.

De hecho, la vida en el Oeste era difícil. Los piratas españoles capturaron a Shufelt cuando intentaba volver a casa y pidieron un rescate por él. Aunque escapó, contrajo una "enfermedad tropical" y falleció en 1852. Sin embargo, las posibilidades de enriquecerse demostraron ser demasiado tentadoras para los colonos. El coronel Richard Barnes Mason, del Ejército de Estados Unidos, informó: "Un grupo de cuatro hombres, empleados en aquel entonces en las minas bajas, hace un promedio de 100 dólares por día". Mason entrevistó a numerosos mineros, incluidos W. Daly y Percy McCoon, quienes habían obtenido 17,000 dólares equivalentes en oro y al "señor Sinclair", cuyas ganancias netas fueron de unos 16,000 dólares en oro. De hecho, los hombres se volvían ricos rápidamente y los mineros se dirigían en tropel hacia el Oeste para obtener una tajada.

El desorden, sin embargo, requería la imposición de algunas reglas. En 1853, James M. Hutchings publicó "Los diez mandamientos del minero" en el periódico local de

California *Placerville Herald*. El objetivo de la connotación religiosa de las pautas era transmitir respeto y moralidad al proceso de la minería. Los mandamientos incluían prohibiciones de robar las concesiones de los compañeros mineros, matar a otros o matarse por el trabajo, beber en exceso, mentir acerca de posibles concesiones o "buenos lugares para explorar" y cometer adulterio. Un espíritu de reforma y moralidad similar se transformaría en un componente clave para la colonización en la región occidental.

De 1861 a 1865, los estados del Sur, que conformaban los Estados Confederados de América, libraron una sangrienta batalla contra los Estados Unidos sobre la cuestión de la esclavitud. Cuando la Unión se impuso, se abolió la esclavitud y la dinámica de los asentamientos occidentales cambió de modo notable. Durante la guerra, en 1862, Abraham Lincoln promulgó la **Ley de Asentamientos Rurales**, que sería la legislación más importante para los colonos de los nuevos territorios. Señalaba:

> Toda persona, jefe de familia o que haya llegado a la edad de 21 años y sea ciudadana de Estados Unidos... tendrá derecho a inscribir una sección de un cuarto o menos de terrenos públicos sin propietarios.

A medida que la población de las ciudades del Este crecía y los trabajos mermaban, los estadounidenses se dirigían al Oeste en busca de nuevas tierras y nuevas vidas. Así, por ejemplo, California pasó de tener una población de poco más de 90,000 en 1850 a casi 1.5 millones en 1900. La Ley de Asentamientos Rurales permitió a los estadounidenses asentarse en el Oeste pues les daba acceso a 160 acres (65 hectáreas) y a un medio de vida que antes era imposible.

Un viaje costoso

Otra ley sancionada por el Congreso permitió un impresionante cambio sobre las capacidades de Estados Unidos para viajar hacia el Oeste. En 1862, el mismo año que el Congreso aprobó la Ley de Asentamientos Rurales, Estados Unidos promulgó la Ley del Ferrocarril del Pacífico. La legislación era "una ley para ayudar en la construcción de un ferrocarril y una línea de telégrafo desde el río Misuri hasta el océano Pacífico". Creó la Union Pacific Railroad Company, una empresa privada supervisada por el Departamento del Interior. Se le daría acceso a todos los terrenos públicos necesarios para construir un ferrocarril que cruzara el continente. Y proseguía "Estados Unidos extinguirá tan rápido como sea posible los títulos indios a todas las tierras que se encuentren dentro de la operación de esta ley". Además, el Gobierno aseguraría un "transporte veloz y seguro" de todas las personas, materiales y bienes con la ayuda del ejército de Estados Unidos. La construcción del **ferrocarril transcontinental** comenzó poco después de la aprobación de la ley, aunque los progresos fueron bastante lentos hasta fines de la guerra de Secesión en 1865.

La vida de los obreros ferroviarios era de trabajo arduo y, con frecuencia, de caos. La escasez de mano de obra pronto se convirtió en un problema inmediato. Tras terminar la guerra de Secesión en 1865, los soldados se dirigieron al Oeste en busca de trabajo y los inmigrantes irlandeses huyeron de sus ciudades para encontrar trabajo en el ferrocarril. La Union Pacific Railroad Company recurrió a expertos militares para trazar sistemas de trabajo sumamente eficaces que exigían una labor precisa y ardua. La Central Pacific Railroad, que trabajaba hacia el Este desde California, también se volcó a la mano de obra inmigrante. Miles de chinos fueron incorporados como obreros de la Central Pacific y para 1868 constituían el 80 % de la mano de obra.

El éxito de los trabajadores chinos causó tensiones raciales entre los trabajadores blancos, molestos por haber sido reemplazados por otros de distinto aspecto y que, en general, ganaban menos. La compañía les pagaba a los trabajadores chinos entre 27 y 30 dólares por mes; además, les descontaba los gastos por alimentos y alojamiento a lo largo del camino. Los irlandeses, sin embargo, ganaban 35 dólares por mes, con alojamiento y comida incluidos. Si bien la compañía estaba maravillada por la eficacia de los trabajadores chinos, también solía discriminarlos.

El ferrocarril brindaba oportunidades para las nuevas industrias. Los vagones refrigerados del tren permitían el transporte de mercaderías como productos agrícolas y carne, lo que generó demanda para las granjas y fincas ganaderas. Esto a su vez, condujo a la creación de enormes programas de explotación ganadera a lo largo de varios territorios occidentales como Texas, Oklahoma y Arizona.

A medida que el Oeste se poblaba, muchos veían la necesidad de reformar algunas de las comunidades establecidas desde la década de 1840 con poca aplicación de la ley o de sistemas legales formales. Algunos alguaciles como Wyatt Earp comenzaron a trabajar para los estados, aplicando la ley y limitando la influencia de forajidos y ladrones de ganado que socavaban los jóvenes gobiernos territoriales y estatales.

Renovación religiosa

A mediados del siglo, Estados Unidos experimentó el "**segundo gran despertar**", un resurgimiento del interés en la moralidad, ética y teología protestante cristiana. Las religiones protestantes fomentaron la conversión en Estados Unidos y esta fe enfatizaba no solo los principios religiosos sino también la rectitud en el comportamiento social. Muchos esfuerzos se centraron en ampliar el compromiso individual con comportamientos en línea con la moralidad protestante. Algunos en el Norte defendían el abolicionismo pero muchos en el Oeste estaban más preocupados por el comportamiento cotidiano de los creyentes protestantes. Lyman Beecher, sacerdote y padre de Harriet Beecher Stowe (autora de *La cabaña del tío Tom*), publicaba sermones sobre la templanza e imploraba a los cristianos que practicaran normas sociales y tuvieran una conducta más reservada. Beecher escribió:

> La falta de templanza es el pecado de nuestra tierra y, con nuestra ilimitada prosperidad, recae sobre nosotros como un diluvio; y si algo derrotará las esperanzas del mundo, que descansa en nuestro experimento de libertad civil, es ese río de fuego que arrolla la tierra, destruye el aire vital y extiende a su alrededor una atmósfera de muerte.

Lyman Beecher y otros predicadores protestantes lideraron el renacer, intentos públicos por imponer la moralidad estadounidense en los "salvajes" territorios del Oeste.

El movimiento por la templanza instaba a dejar de beber alcohol en exceso, a abandonar la promiscuidad y cesar comportamientos inmorales. La tierra del progreso estaba llena de tentaciones y los reformistas como Beecher buscaban evitar que la nación descendiera hacia acciones pecaminosas. Beecher además estaba muy en contra del catolicismo y de la inmigración. Fue el autor de, entre otros textos, una octavilla nativista titulada "Súplica para el oeste", en la que sostenía que el Oeste pronto se convertiría en el centro de poder en Estados Unidos y advertía contra la influencia de los católicos, en especial de los irlandeses, en la educación y la sociedad. La expansión hacia el Oeste, argumentaba, debía seguir los ideales protestantes.

Otros reformistas se centraron en los elementos inmorales de la expansión. Figuras como Frederick Douglass resaltaban la hipocresía de ser un "imperio de la libertad", como decía Jefferson, si el país permitía la expansión de la esclavitud hacia los territorios occidentales. Los políticos que estaban a favor del abolicionismo que condujo a la guerra de Secesión se centraron en prevenir la expansión de la esclavitud, no en abolirla por completo. Pero la expansión era indetenible. A pesar del intento de reformar la sociedad que empujaba hacia el Oeste, Estados Unidos se expandiría por el continente.

Los trabajadores de las minorías y la expansión

Varios grupos minoritarios fueron discriminados durante la expansión de Estados Unidos hacia el Oeste. En 1864, el coronel John Chivington atacó un poblado cheyene en Sand Creek, dando muerte a 150 cheyenes, en su mayoría mujeres y niños. Esto comenzó una guerra sobre las planicies, que incluyó a los cheyenes y otros grupos nativos, que se incursionaban y atacaban a las cuadrillas de constructores a lo largo del ferrocarril transcontinental. Los nativos americanos se confrontaron directamente con el Gobierno estadounidense en numerosas ocasiones, ya que con frecuencia los militares defendían las cuadrillas de constructores.

Además, la construcción del ferrocarril necesitaba de una gran cantidad de mano de obra. Si bien algunas tribus, como los pawnees, ayudaron en la construcción dando protección a las cuadrillas estadounidenses contra los siux, Estados Unidos recurrió a los trabajadores inmigrantes, como los irlandeses y los chinos, para que ayudaran en la construcción. Sin embargo, muchos empleadores practicaban políticas racistas y les pagaban a los trabajadores de las minorías menos que a los blancos. Las condiciones de los campos de trabajo con frecuencia eran deplorables y muchos estadounidenses perecieron durante la construcción del ferrocarril. Las pequeñas comunidades que siguieron a las cuadrillas de constructores se ganaron el sobrenombre de "infierno sobre ruedas", una colección de salones móviles, casas de juego y otras instituciones que se beneficiaban de los trabajadores ávidos de entretenimiento.

Muchos inmigrantes chinos trabajaban en la construcción del ferrocarril transcontinental y con frecuencia vivían en condiciones deplorables.

El proyecto listo

Cuando el ferrocarril transcontinental estuvo listo en 1869, hubo festejos en todo el país. El *New York Times* escribió:

> El ansiado momento ha llegado… Los habitantes de la costa del Atlántico y de las laderas del Pacífico de aquí en adelante constituyen enfáticamente un único pueblo. Vuestro corresponsal está escribiendo desde la Cima del Promontorio en medio de los ensordecedores gritos de la multitud.

Las nuevas oportunidades

El ferrocarril llevaba a los colonos a buena parte de los territorios entre el río Misisipi y la costa del Pacífico. El problema era atraer a mujeres que quisieran vivir en lo que podrían ser duras condiciones. El deseo de atraer a las mujeres es uno de los motivos que explicaría por qué los estados occidentales fueron los primeros en permitir el voto femenino. Wyoming fue el primero, dándole a la mujer el voto cincuenta años antes de que la Novena Enmienda le diera el derecho a votar a nivel nacional en 1920. Luego le siguieron Colorado, Utah e Idaho.

Las mujeres, se opinaba, votarían por políticas que reformaran la sociedad, como votar a favor de la construcción de escuelas y programas de ayuda a los pobres. Además, a ellas se les darían cargos mucho más importantes en el Oeste que en el Este. Un ejemplo puede ser el de la vida de Mary Fields, conocida en Montana como la Diligencia. Nacida esclava en Tennessee pero emancipada luego de la guerra de Secesión, Mary Fields era sirvienta y amiga de una mujer que se hizo monja ursulina llamada Madre Amadeus.

Fields viajó con Madre Amadeus a Montana en 1885. Fields tenía una altura de más de 6 pies (1.8 metros) y pesaba casi 200 libras (90 kg). Famosa por su fuerza y resistencia, atendía a los clientes de la diligencia que llevaba a los visitantes desde la estación de ferrocarril hasta el convento de las ursulinas. También cargaba los suministros para las

(Continúa en la página 42)

Las mujeres y la expansión

La Ley de Asentamientos Rurales de 1862 fomentó la población de los territorios occidentales a escala nacional al otorgar 160 acres (65 ha) de tierras a los ciudadanos dispuestos. La ley permitía que "cualquier ciudadano de 21 años de edad jefe de familia tenía derecho a un terreno federal para asentarse". Resulta interesante que muchas mujeres solteras pudieran entonces solicitar la propiedad. Por ejemplo, el 18 % de quienes se fueron a vivir a Montana eran mujeres solteras durante el período de su asentamiento, tras la llegada de la primera pobladora mujer, Gwenllian Evans, al territorio.

Muchas mujeres aprovecharon esta oportunidad para defender su independencia, como Mildred Hunt. Hunt recibió sus tierras luego que un médico testificara que su esposo era un "borracho confirmado" que no podía mantenerla. Entonces, se le entregó la propiedad a Hunt como única propietaria. Algunas mujeres, como Laura Etta Smalley, llegaron desde Canadá, al territorio de Montana para poblar las tierras como propietarias independientes. La Ley de Asentamientos Rurales les dio a muchas mujeres la oportunidad de acceder a la riqueza e independencia que hubieran sido imposibles en muchas otras partes del país.

Grace Binks y Margaret Major estuvieron entre las muchas mujeres que se establecieron en el Oeste como propietarias independientes, una oportunidad ofrecida por la frontera que estaba cambiando las normas de género en Estados Unidos.

A finales de su vida, Mary Fields era la mascota del equipo de béisbol de Cascade. Ella aprovechó las oportunidades que en ninguna otra parte se les dio a las mujeres y a las minorías.

hermanas, cortaba la leña, trabajaba la piedra y entregaba el correo; también bebía, maldecía y peleaba con los hombres locales. Cuando envejeció, el hotel local la alimentó gratuitamente de por vida. Cuando su casa se incendió, la gente del pueblo le construyó una casa nueva. Esa no era la experiencia de las mujeres afroamericanas en la mayoría de las otras partes del país. Falleció en 1914 cerca de Cascade; la cruz que señala su tumba sigue en pie.

Apenas habían pasado treinta años desde que John O'Sullivan expresara por primera vez sus pensamientos sobre el Destino Manifiesto, en 1839, y los estadounidenses alegaban que el destino estaba satisfecho a medias. Mediante la acción militar, la expansión y la industria, el territorio de Estados Unidos se extendía de costa a costa y el ferrocarril más impresionante de la nación ponía ahora los viajes a disposición de todos. Sin embargo, el espíritu del Destino Manifiesto y la expansión americana continuarían a lo largo del siglo XIX, llegarían hasta el siglo XX y Estados Unidos se convertiría en una potencia mundial de creciente importancia.

CAPÍTULO CUATRO

Los efectos perdurables del Destino Manifiesto

La ideología que circundó el Destino Manifiesto iba a tener un impacto significativo sobre la política y la sociedad estadounidenses durante generaciones. Más inmediato, el espíritu de expansión permitió la expansión de la esclavitud hacia los nuevos territorios, lo que a la larga agravó el conflicto sobre este tema en la nación. Desde 1820, el Compromiso de Misuri establecía que los estados sobre la frontera sur de Misuri eran libres, en tanto que los estados por debajo de ella (e incluyendo Misuri) podrían permitir la esclavitud.

Texas fue admitido como estado esclavista en 1845 e Iowa fue admitido en 1846 para mantener el equilibrio en el Congreso. En 1848, Wisconsin se sumó a la Unión y dos años después California también fue admitida como estado libre. En 1854, se autorizó a los territorios de Kansas y Nebraska (ambos sobre la frontera sur de Misuri), bajo la **Ley de Kansas-**

Nebraska, a que incorporaran el principio de "soberanía popular" a los futuros gobiernos del estado, lo que oficialmente anuló el Compromiso de Misuri. El principio, defendido con ahínco por el senador Stephen Douglas de Illinois, estableció que los estados, no el Gobierno federal, tenían el derecho de decidir si permitirían o no la esclavitud dentro de sus territorios. Si bien esta solución impidió una crisis nacional inmediata, demostró ser insostenible. En Kansas se formaron rápidamente dos bandos: los que estaban a favor de la esclavitud y los que estaban en contra. En 1856, el abolicionista John Brown y sus seguidores atacaron a los partidarios de la esclavitud en Pottawatomie Creek. Durante los meses siguientes, ambos lados se enfrentarían en batallas. El incidente, conocido como Kansas Sangrienta fue una escalofriante predicción de lo que se avecinaba.

En 1858, Douglas se postuló para su reelección en el Senado. Su oponente era Abraham Lincoln, el ex-representante de Illinois y un popular miembro del nuevo **Partido Republicano**. La campaña fue cubierta por los medios nacionales y sus debates, conocidos como los **debates**

Una caricatura abolicionista critica la agresión de Preston Brooks a Charles Sumner durante el debate en el Congreso sobre la esclavitud y la crisis de Kansas Sangrienta.

Lincoln-Douglas, se convirtieron en impresionantes exhibiciones de oratoria y profundas conversaciones acerca de la naturaleza de la esclavitud en Estados Unidos. Douglas argumentaba a favor de la continuación de la soberanía popular y, por extensión, de la continuación de la esclavitud. En un discurso en Jonesboro, Illinois, dijo:

> Sostengo que los firmantes de la Declaración de Independencia no se referían a los negros para nada cuando declararon que todos los hombres fueron creados iguales. No se referían a los negros, ni a los indios salvajes, ni a los isleños de Fejee, ni a ninguna otra raza bárbara... Sostengo que este gobierno se estableció sobre una base de hombres blancos. Fue establecido por hombres blancos para el beneficio de los hombres blancos y su posteridad para siempre y debe ser administrado por hombres blancos y ningún otro.

Douglas no basó su respaldo a la esclavitud por su creencia en la inferioridad de los afroamericanos. Para él, esta inferioridad no significaba que todos los pueblos negros debían ser esclavos. En su último debate en Alton, dijo: "Debemos extender a la raza negra, y a todas las otras razas dependientes, todos los derechos, todos los privilegios y todas las inmunidades que puedan ejercer de manera coherente con la seguridad de la sociedad". Sin embargo, Douglas señalaba que debido a que las circunstancias eran diferentes de un estado a otro, cada estado debería decidir por sí mismo los derechos que otorgaría a los afroamericanos:

> Surge entonces la cuestión de cuáles son esos privilegios y cuál es la naturaleza y alcance de los mismos. Mi respuesta es que esta es una cuestión que debe ser respondida por cada estado. En Illinois hemos decidido por nosotros mismos... En Misuri deben juzgar por ustedes mismos... Lo mismo con Kentucky... Si la

> gente de todos los estados actúa sobre ese gran principio, y cada estado se preocupa de su propio negocio, atiende sus asuntos, cuida sus propios negros y no interfiere con sus vecinos, entonces habrá paz entre el Norte y el Sur, el Este y el Oeste, por toda la Unión.

Los estados, si se los dejaba decidir por sí mismos, podrían continuar con políticas que satisfacieran a sus ciudadanos. Esta, en opinión de Douglas, era la única forma de conservar la paz entre el Norte y el Sur.

Una cámara dividida

Sin embargo, Lincoln rechazaba este argumento. Más bien, Lincoln expresó la famosa frase: "Una casa dividida contra sí misma no puede permanecer". Lincoln temía que el problema de la esclavitud continuara dividiendo la nación.

Abraham Lincoln y Stephen Douglas (sentado a la izquierda de Lincoln). Ambos eran candidatos a uno de los escaños de Illinois en el Senado de Estados Unidos, y participaron en una serie de debates sobre la extensión de la esclavitud, lo que les hizo ganar la atención nacional.

Aunque los estados pudieran decidir este tema por sí mismos, las instancias del conflicto solo se mantendrían. Lincoln no abogaba por la igualdad racial ni sugería que el gobierno tuviera autonomía para poner fin a la esclavitud. Dijo, sin embargo, en su famoso discurso de Springfield:

> No temo que la Unión se disuelva. No espero que la casa caiga; pero confío en que dejará de estar dividida. Vendrá a ser toda libre, o toda esclava. O bien los que se oponen a la esclavitud atajarán su propagación, convenciendo al público de que se encamina a su completa extinción; o sus sostenedores la empujarán adelante, hasta que venga a ser legal en todos los estados, nuevos o antiguos.

Para 1858, los conflictos sobre la esclavitud se habían centrado en la crucial cuestión de su expansión. A medida que Estados Unidos se extendía hacia el Oeste, las consecuencias del Destino Manifiesto y la guerra entre México y Estados Unidos creaban un conflicto político, y eventualmente, militar sobre la esclavitud y su permanencia en estos nuevos territorios.

Luego de que la Unión se empeñara en abolir la esclavitud, la naturaleza de la expansión hacia el Oeste cambió de modo impresionante. Cuando la Confederación se rindió en 1865, los territorios occidentales se convirtieron entonces en los terrenos para el crecimiento de la industria y de la agricultura de plantaciones que dependía de los esclavos. A medida que el ferrocarril transcontinental llevaba a los estadounidense hacia el Oeste, la industria los seguía. El Sur buscaba participar en esta expansión y Henry Grady, director de un diario de Atlanta, argumentó a favor de "un nuevo Sur", uno que se centrara en reconstruir su economía alrededor de negocios más modernos. "El nuevo Sur presenta una democracia perfecta", argumentaba Grady, "Los oligarcas que lideran el movimiento popular, un sistema social compacto y estrechamente entrelazado… mucho más fuerte en su corazón, cientos de granjas por cada plantación, cincuenta casas por cada palacio". Grady buscaba tomar las plantaciones del "viejo Sur" y crear un sistema agrícola más moderno, tipo fábrica, que utilizara tanto la mano de obra blanca pobre como la del negro liberto. Esto se transformó en un sello de la industria estadounidense a lo largo del siglo XIX y durante los primeros años del siglo XX, el uso de las poblaciones minoritarias como mano de obra para el progreso. La mano de obra inmigrante en los proyectos industriales de las ciudades del Norte, la mano de obra negra en las granjas del Sur y del Oeste, y los trabajadores pobres blancos en las zonas rurales fueron los responsables de la verdadera construcción del imperio continental de Estados Unidos.

Con todo, la población del Oeste siguió creciendo. En 1872, el pintor John Gast representó la expansión en todas sus formas. La pintura, *El progreso estadounidense*, retrata a la Libertad como una diosa, que se dirige el Oeste. Granjeros blancos aran los campos

El progreso estadounidense, obra del pintor John Gast realizada en 1872, personifica el Destino Manifiesto, la fuerza impulsora de los estadounidenses hacia el Oeste, que reemplazó a los nativos y a la naturaleza por blancos e industria.

de abajo y una cabaña de troncos marca con puntos el borde de su granja. Carrozas y carros transportan a los estadounidenses a través de las planicies, mientras máquinas a vapor jalan los vagones de los trenes de carga y pasajeros. La Libertad tiende los cables telegráficos a través de la campiña y una bulliciosa ciudad industrial se asienta en el fondo. Entretanto, los nativos americanos, los bisontes y otros animales salvajes son perseguidos en todo el territorio. Esta pintura muestra lo mejor y lo peor de la expansión, ilustra el progreso y la industria estadounidense, a la vez que presenta la naturaleza egoísta con la cual Estados Unidos reclamó territorios que no le pertenecían legítimamente.

La ampliación de los dominios

El Destino Manifiesto iba a tener una perdurable repercusión en la política exterior estadounidense más allá de sus fronteras occidentales. En 1898, Estados Unidos comenzó a interesarse en tener acceso a los mercados comerciales asiáticos. En la guerra entre España y Estados Unidos, fabricada por informes parcializados e intereses políticos, Estados Unidos adquirió Filipinas, Guam y Puerto Rico en nombre de la emancipación y la libertad. El presidente William McKinley alegaba que Estados Unidos tenía que salvar de sí mismos a los pueblos menos civilizados, ya que muchos, como en el caso de Filipinas, eran "incapaces" de gobernarse.

En 1860, William Seward, que en breve sería secretario de Estado, alegaría que "la base del poder para Norteamérica" era que Estados Unidos adquiriera Canadá y México. Glorificó los intereses estadounidenses en el extranjero y argumentó que había llegado la hora en que "la sociedad política tenía que estar organizada bajo el mandato de los Estados Unidos". En 1867, Seward hizo crecer la nación mediante la compra de Alaska a Rusia por apenas 7 millones de dólares. Otros funcionarios del Gobierno ejercerían políticas similares. En su discurso del 5 de diciembre de 1870, el presidente Ulysses S. Grant argumentó que Estados Unidos debería anexar la República Dominicana:

> La adquisición de Santo Domingo es adherirse a la doctrina Monroe; es una medida de protección nacional; es afirmar nuestro justo reclamo para tener una influencia de control sobre el gran tráfico comercial que pronto fluirá del Oeste hacia el Este… es aumentar nuestra marina mercante; es para proporcionar nuevos mercados para los productos de nuestras granjas… es para hacer que la esclavitud sea insostenible en Cuba y Puerto Rico… es, en fin, un rápido golpe hacia esa grandeza que la inteligencia, la industria y la iniciativa de los ciudadanos de los Estados Unidos facultan a este país para que tome las riendas entre las naciones.

El argumento de Grant vuelve a afirmar los principios del Destino Manifiesto y el carácter excepcional de Estados Unidos expresados décadas atrás. Así como el Destino Manifiesto había argumentado a favor del derecho de Estados Unidos de civilizar el Oeste, pronto el imperialismo estadounidense permitiría a Estados Unidos establecerse como modelo para el mundo.

Sin embargo, algunos no apoyaban el "nuevo Destino Manifiesto", como lo llamó el historiador Ralph Young. Cuando Estados Unidos intentó anexar a Hawái en 1893, Lili'uokalani, la depuesta reina de la isla protestó contra la acción estadounidense como una "violación del derecho internacional". En una carta al presidente William McKinley fechada el 17 de junio de 1897, la soberana expresaba su opinión sobre el tratado firmado con el reino independiente de Hawái:

> Declaro que un tratado de este tipo es un atropello hacia el pueblo nativo y parcialmente nativo de Hawái, una invasión de los derechos de los jefes gobernantes, en violación de los derechos internacionales tanto hacia mi gente como hacia las naciones amigas con las cuales se han firmado tratados, la perpetuación del fraude mediante el cual se derrocó el gobierno constitucional y, por último, un acto de gran injusticia contra mi persona.

Estados Unidos jamás había obtenido legalmente Hawái y lo controlaba, entonces, "de modo fraudulento": Estados Unidos continuó con la anexión de todas formas y para 1898 había doblegado la resistencia. Ese año Albert J. Beveridge hizo campaña para el Senado dentro de una plataforma expansionista e imperialista. Beveridge argumentaba que Estados Unidos estaba destinado a adquirir territorios en todo el planeta y sostenía que el país tenía la superioridad para gobernar esos territorios. Le pidió a sus partidarios:

Otra caricatura política de fines del siglo XIX representa a Estados Unidos extendiendo su influencia alrededor del planeta.

> ¿Dirán mediante su voto [en su contra y sus políticas] que la capacidad de Estados Unidos para gobernar está en decadencia, que ustedes son infieles al vigor y al sentido práctico estadounidenses? ¿O bien [dirán ustedes] que somos de la raza gobernante del mundo; que nuestra sangre es sangre de gobierno, que la nuestra es el corazón del dominio, que nuestro es el cerebro y el genio de la administración? Hacemos, sin embargo, lo que nuestros padres hicieron, pero hemos levantado las carpas de la libertad mucho más al oeste, mucho más al sur; solo seguimos la marcha de la bandera.

Este sentimiento defendió la influencia del Destino Manifiesto sobre la política al final del siglo. Así como la nación se había expandido hacia el Este, debía, según personas como Beveridge, seguir marchando alrededor del planeta.

Responsabilidad por la tierra

Muchos comenzaron a expresar su preocupación por el hecho que, en el nombre del progreso, algunas de las maravillas del país fuesen destruidas al adquirirse más territorios. El naturalista S. H. Hammond escribió en 1857 acerca de las delicias de estar en el campo: "Alejados de calles con muchedumbres… y las diez mil fábricas de infames olores. Estamos más allá incluso de praderas y verdes campos. Estamos aquí solos con la naturaleza, rodeados de antiguos objetos primitivos".

Poco a poco, el público comenzó a manifestarse a favor de proteger algunas de estas maravillas contra el uso industrial. En 1872, el Parque Nacional Yellowstone se convirtió en la primera zona protegida designada por el Gobierno nacional y el Parque Nacional Yosemite, en el segundo en 1890. Para 1916, el gobierno nacional constituyó el Servicio de Parques Nacionales, una institución nacional destinada a la conservación y protección de las maravillas naturales.

John Muir, un famoso activista por el medio ambiente, escribió en 1920: "Cualquier tonto puede destruir árboles. No pueden defenderse ni escapar. Y pocos de los destructores de árboles alguna vez han sembrado alguno; tampoco el plantar podría hacer mucho por la restitución de nuestros grandes, gigantes, aborígenes". El presidente Theodore Roosevelt, en una famosa acción, apoyó la protección de estos recursos como una responsabilidad del crecimiento territorial de Estados Unidos. "Nos hemos convertido en grandes gracias al uso pródigo de nuestros recursos", señaló Roosevelt. "Mas ha llegado la hora de indagarnos con seriedad sobre qué ocurrirá cuando nuestros bosques ya no estén", afirmó.

Si bien la nación había explotado el mundo natural en nombre del progreso, se esforzaría en conservar gran parte de las áreas silvestres durante las siguientes décadas.

La resistencia a la expansión

Sin embargo, los pueblos en los territorios adquiridos no siempre le dieron la bienvenida a la "marcha de la bandera" de Beveridge. En 1895, Cuba inició su movimiento independentista para separarse de España. El revolucionario José Martí sostenía que Cuba no debía dejarse anexar por los Estados Unidos: "Entiendo (mi deber) y tengo ánimos con que realizarlo, de impedir a tiempo con la independencia de Cuba que se extiendan por las Antillas los Estados Unidos y caigan, con esa fuerza, aún más sobre nuestras tierras de América". Incluso después de la muerte de Martí, Cuba se resistió a la influencia estadounidense.

Aunque ciertamente aquellos conquistados por los Estados Unidos se pronunciaron en contra de tal expansión, muchos estadounidenses se opusieron a la nueva versión del Destino Manifiesto. Samuel Clemens, también conocido por su seudónimo como escritor, Mark Twain, era el dirigente de la Liga Antimperialista y con frecuencia hablaba en contra de la expansión estadounidense. En 1902, escribió:

> Hemos pacificado y enterrado varios miles de isleños, destruido sus campos, quemado sus poblados y expulsado a sus viudas y huérfanos fuera de sus hogares; hemos acongojado mediante el exilio a varias docenas de patriotas desagradables subyugando los restantes 10 millones por una asimilación benevolente… Y así, por estas providencias divinas y la frase es del Gobierno, no mía, somos "potencia mundial".

Clemens se lamentaba de que Estados Unidos hubiera, en esencia, cumplido con su Destino Manifiesto. Sin embargo, el proceso fue mucho peor de lo que popularmente se creyó. Desde la primera expansión hacia el Oeste, Estados Unidos había usado la fuerza, la intimidación y la manipulación para extender su influencia.

Cronología

Las fechas en color verde corresponden a hechos abordados en este volumen.

30 de abril de 1803: Durante la presidencia de Thomas Jefferson, Estados Unidos le compró a Francia 828,000 millas cuadradas (2.1 millones de km cuadrados) de tierras al oeste del río Misisipi en una transacción conocida como la compra de Luisiana.

14 de mayo de 1804: Meriwether Lewis y William Clark parten de Camp DuBois con el Cuerpo de Descubrimiento para explorar el territorio adquirido en la compra de Luisiana.

3 de marzo de 1820: Se aprueba el Compromiso de Misuri, en el que se excluye la esclavitud en los territorios de la compra de Luisiana al norte de la latitud 36°30′, salvo Misuri.

2 de diciembre de 1823: El presidente James Monroe declara que los continentes americanos "no deben ser considerados ya como objeto de futuras colonizaciones por parte de las potencias europeas". Este principio pasaría a ser conocido como la doctrina Monroe. Junto con el Destino Manifiesto, respalda la expansión hacia el Oeste.

28 de mayo de 1830: El presidente Andrew Jackson promulga la Ley de Traslado Forzoso de los Indios, que permite el traslado de los nativos de sus tierras ancestrales a territorios sin asentamientos al oeste de Misisipi.

2 de marzo de 1836: En medio de la guerra contra México, Texas se independiza de México. La guerra termina y Texas se convierte en un territorio independiente. La cuestión de la esclavitud demora su ingreso a Estados Unidos por casi una década.

22 de mayo de 1843: Un grupo de mil personas parte en tren de vagones desde Independence, Misuri, a través de lo que sería conocido como la Senda de Oregón hacia el territorio de Oregón. Seguiría una ola de migración a gran escala.

Julio–agosto de 1845: John L. O'Sullivan acuña el término *Destino Manifiesto* en un artículo sobre la anexión de Texas publicado en *United States Magazine and Democratic Review.*

10 de febrero de 1846: Los miembros de la Iglesia de Jesucristo de los Santos de los Últimos Días (mormones) parten de Illinois para escapar de la persecución y se dirigen al Oeste, a territorios controlados en aquella época por México. Se instalaron en el valle de Great Salt Lake, en Utah.

25 de abril de 1846: Comienza

la guerra de Estados Unidos-México, librada por la frontera disputada entre Texas y México.

24 de enero de 1848: James Marshall descubre oro en el molino de John Sutter en California. Marshall y Sutter tratan de mantener el descubrimiento en secreto.

2 de febrero de 1848: Representantes de Estados Unidos y México firman el Tratado de Guadalupe Hidalgo, que pone fin a la guerra de Estados Unidos-México y le otorga a Estados Unidos más de 500,000 millas cuadradas (1.3 millones km²).

9 de septiembre de 1850: California se convierte en el estado número 31 de la Unión.

30 de diciembre de 1853: Estados Unidos compra 29,670 millas cuadradas (76,845 km²) a México en una transacción conocida como el Tratado de Gadsden. El área luego pasaría a formar parte de Arizona y Nuevo México.

30 de mayo de 1854: El Congreso sanciona la Ley de Kansas-Nebraska, que anula el Compromiso de Misuri y establece que el factor determinante para permitir la existencia de la esclavitud en un estado será la soberanía popular.

20 de mayo de 1862: El presidente Abraham Lincoln firma la Ley de Asentamientos Rurales, que otorga a los colonos 160 acres (65 hectáreas) de tierras públicas al oeste del Misisipi, siempre que vivan en ellas durante cinco años consecutivos. La oposición de los grupos a favor de la esclavitud había derrotado esfuerzos previos por aprobar una legislación similar.

1 de julio de 1862: El Congreso aprueba la Ley del Ferrocarril del Pacífico, que otorga ayuda para la construcción del ferrocarril transcontinental desde Council Bluffs, Iowa, hasta la costa del Pacífico. El ferrocarril se construye entre 1863 y 1869.

29 de noviembre de 1864: Voluntarios de Colorado masacran a unos 200 nativos cheyenes y arapahoes dentro de un poblado, en un hecho conocido como la Masacre de Sand Creek y desata una guerra generalizada.

10 de mayo de 1869: Los trabajadores se suman a las empresas ferroviarias Union Pacific y Central Pacific Railroads. Los pasajeros pueden ahora viajar desde Nueva York a California en apenas ocho días.

25 de junio de 1876: Varias tribus juntas derrotan a las unidades del 7.° Regimiento de Caballería, al mando del general George Custer, en la batalla de Little Bighorn.

25 de abril de 1898: El Congreso le declara la guerra a España; este conflicto armado durará apenas cuatro meses.

7 de julio de 1898: El presidente William McKinley firma la Resolución Newlands, que permite a Estados Unidos anexarse Hawái.

Glosario

abolicionista miembro del movimiento para abolir, o proscribir, la esclavitud en el siglo XIX.

anexión ocupar un lugar, como medio de agregar territorio a un país. Estados Unidos se valió de la anexión para ampliar sus fronteras, con frecuencia para poder agregar esos territorios como estados.

Colegio Electoral sistema mediante el cual los electores seleccionan al presidente de los Estados Unidos en base al voto popular de sus estados respectivos. El candidato que gana la mayoría de votos del Colegio Electoral gana la presidencia. La cantidad de votos electorales de cada estado es la suma de sus representantes en la Cámara Baja y el Senado, y cada estado puede determinar cómo se seleccionan estos electores.

debates Lincoln-Douglas una serie de siete debates que tuvo lugar en 1858 entre Abraham Lincoln y Stephen Douglas durante la campaña por uno de los escaños al Senado por Illinois. Se transformó en un debate sobre la soberanía popular y el tema de la esclavitud en general y recibió atención nacional. Douglas ganó el escaño en el Senado pero los debates le dieron a Lincoln la exposición nacional que le valió ser elegido presidente.

desobediencia civil proceso de protestar contra una acción del Gobierno mediante la desobediencia pacífica de la ley.

Destino Manifiesto la creencia de muchos estadounidenses durante el siglo XIX de que el destino de los Estados Unidos era conquistar y ocupar todo el continente norteamericano, por decreto de Dios.

diplomático persona que trabaja para el gobierno de una nación y hace negociaciones con representantes de otras naciones.

Enmienda Wilmot esta propuesta, aunque fue derrotada en el Congreso, buscaba prohibir la esclavitud en los territorios obtenidos mediante el Tratado de Guadalupe Hidalgo.

ferrocarril transcontinental ferrocarril construido a lo ancho del continente que conectó los estados de la costa este con los de la costa oeste. Fue terminado en 1869.

fiebre del oro búsquedas masivas de oro en el Oeste de Estados Unidos, siendo la más famosa la ocurrida en California en 1849.

Frederick Douglass dirigente clave del movimiento abolicionista y exesclavo, quien también se opuso a la expansión estadounidense, la propagación de la esclavitud a los nuevos territorios y la guerra de Estados Unidos-México.

imperio una unidad política sobre un gran territorio que adquiere territorios mediante la conquista y usa sus partes para fomentar la economía de todo el imperio.

Ley de Asentamientos Rurales ley sancionada por el Congreso que permitió el asentamiento del Oeste. Incluyó incentivos para alentar a las personas a mudarse al nuevo territorio.

Ley de Kansas-Nebraska ley que permitía que los nuevos territorios de Kansas y Nebraska decidieran por sí mismos si permitían la esclavitud. Este experimento en el concepto conocido como soberanía popular fracasó pues en Kansas se produjo un conflicto armado entre los activistas que estaban a favor de la esclavitud y los que estaban en contra, que más adelante sería llamado Kansas Sangrienta.

Ley de Traslado Forzoso de los Indios esta ley, promulgada por Andrew Jackson en 1830, dio inicio a la política nacional de Estados Unidos de sacar a los nativos americanos de sus tierras y trasladarlos a reservas.

Partido Demócrata históricamente, el partido político enraizado en las creencias de Thomas Jefferson y Andrew Jackson. A lo largo del siglo XIX, defendió el derecho de los estados a permitir la esclavitud dentro de sus fronteras.

Partido Republicano el reemplazo del Partido Whig en el escenario nacional. Finalmente discutiría y buscaría poner fin a la esclavitud, al tiempo que adoptaría la plataforma a favor de la empresa del Partido Whig.

Partido Whig nombrado así por el partido opositor en el Parlamento inglés, este partido defendió la expansión de la industria, la empresa y, en algunos casos, el fin de la esclavitud.

populista persona que se adhiere a una ideología política que cree en el poder de las personas comunes y su derecho a gobernar, en lugar de un pequeño grupo gobernante.

secretario de Estado jefe del Departamento de Estado en el Gobierno de Estados Unidos que con frecuencia negocia los asuntos internacionales de la nación.

segundo gran despertar el resurgimiento de la Teología, estilo de vida y cultura protestante cristiana en Estados Unidos durante el siglo XIX.

Tratado de Gadsden la adquisición de territorio al sur de Nuevo México y Arizona a México, cinco años después de finalizada la guerra mexicano-estadounidense.

Tratado de Guadalupe Hidalgo tratado que puso fin a la guerra de Estados Unidos y México, y que a la larga permitió a Estados Unidos ampliar su territorio hacia el Sudoeste.

Para más información

Libros

Greenberg, Amy S. *A Wicked War: Polk, Clay, Lincoln, and the 1846 US Invasion of Mexico.* Nueva York: Vintage Books, 2013.

Woodworth, Steven E. *Manifest Destinies: America's Westward Expansion and the Road to the Civil War.* Nueva York: Vintage Books, 2010.

Young, Ralph. *Dissent: The History of an American Idea.* Nueva York: New York University Press, 2015.

Sitios de internet

The Library of Congress Newspaper and Current Periodical Reading Room
"Topics in Chronicling America—The Annexation of Hawaii"
https://www.loc.gov/rr/news/topics/hawaii.html
Este tesoro oculto de fuentes primarias ofrece vínculos a notas periodísticas de los hechos que condujeron a la anexión de Hawái.

PBS Prelude to War
"Manifest Destiny"
http://www.pbs.org/kera/usmexicanwar/prelude/md_introduction.html
Public Broadcasting System ofrece artículos sobre temas y personas relacionados con la guerra mexicano-estadounidense.

United States History
"Manifest Destiny"
http://www.u-s-history.com/pages/h337.html
Desde este sitio es posible acceder a cronologías, mapas, cuestionarios, enlaces a libros relacionados y otros recursos.

Bibliografía

Libros

Beecher, Lyman. *Six Sermons on Intemperance.* Boston: T.R. Marvin. 1828. Consultado el 27 de octubre de 2016 a través de la Universidad de Virginia. http://utc.iath.virginia.edu/sentimnt/sneslbat.html

Boyer, Paul S., et al. *The Enduring Vision: A History of the American People.* Boston: Houghton Mifflin Company, 2008.

Ferrell, Robert H. *American Diplomacy: A History.* Nueva York: W. W. Norton & Company, 1969.

Foner, Eric. *Give Me Liberty! An American History.* Nueva York: W. W. Norton & Company, 2014.

Merrill, Dennis y Thomas G. Patterson, eds. *Major Problems in American Foreign Relations Volume 1: To 1920.* Boston: Wadsworth, Cengage Learning, 2010.

Zinn, Howard. *A People's History of the United States.* Nueva York: HarperCollins Publishers, 2003.

Artículos en línea

Beveridge, Albert J. "March of the Flag." Pronunciado el 16 de septiembre de 1898. Voices of Democracy: The US Oratory Project. http://voicesofdemocracy.umd.edu/beveridge-march-of-the-flag-speech-text.

Calhoun, John C. "Slavery a Positive Good." Pronunciado el 6 de febrero de 1837. TeachingAmericanHistory.org. http://teachingamericanhistory.org/library/document/slavery-a-positive-good.

Douglass, Frederick. "On Mexico." Pronunciado el 8 de junio de 1849. Black Past. http://www.blackpast.org/1849-frederick-douglass-mexico.

"A Farm of Her Own." Women's History Matters, 20 de mayo de 2014. http://montanawomenshistory.org/a-farm-of-her-own.

Hensley, Marcia. "The Single Women Who Homesteaded the West." *High Country News*, 2 de abril de 2007. http://www.hcn.org/issues/343/16929.

Jackson, Andrew. "Message Regarding Indian Removal." Pronunciado el 15 de febrero de 1832. The Miller Center for Presidential Studies at the University of Virginia. http://millercenter.org/president/jackson/speeches/message-regarding-indian-removal.

Lincoln, Abraham. "The War With Mexico." Pronunciado el 12 de enero de 1848. TeachingAmericanHistory.org. http://teachingamericanhistory.org/library/document/the-war-with-mexico-speech-in-the-united-states-house-of-representatives.

Lincoln, Abraham, y Stephen Douglas. "The Lincoln-Douglas Debates: 7th Debate Part I." 15 de octubre de 1858. TeachingAmericanHistory.org. http://teachingamericanhistory.org/library/document/the-lincoln-douglas-debates-7th-debate-part-i.

"The Return of the Spirit: The Second Great Awakening." Christian History Institute. Consultado el 27 de octubre de 2016. https://www.christianhistoryinstitute.org/magazine/article/return-of-the-spirit-second-great-awakening.

Índice

Los números de página en **negrita** corresponden a ilustraciones. Las entradas en **negrita** son términos del glosario.

Acerca del autor

ZACHARY DEIBEL es profesor de Estudios Sociales en la secundaria Cristo Rey Columbus High School, de Columbus, Ohio. Tiene una licenciatura en Historia de la American University y una maestría en Historia de la Arkansas State University. Disfruta de leer, escribir y pensar junto a sus alumnos acerca de la historia, el gobierno y la sociedad de Estados Unidos.